4/5 6/7 8/9 10 11

12 13 14 15 16 17 18/19

20 21 22 23 24 25 26 27 28 29

30 31 32 33 34 35 36 37 38 39 40

41 42 43 44 45 46 47 48 49 50 51

52 53 54 55 56 57 58/59 60 61 62/63 64 65

Silben schwingen

Sprich langsam und deutlich. Höre genau.
Schwinge die Silben.
Markiere in jeder Silbe den König
(Selbstlaut, Umlaut, Zwielaut).

Ameise

Kurzer Selbstlaut

Hörst du nach einem kurz gesprochenen Selbstlaut oder Umlaut nur einen Mitlaut, dann wird dieser verdoppelt.

Tasse Füller

Hörst du nach einem kurz gesprochenen Selbstlaut oder Umlaut ein k oder ein z, schreibst du meist ck oder tz.

Socke Katze

Groß oder klein?

Namenwörter (Nomen) werden großgeschrieben.
Wenn du nicht weißt, ob ein Wort ein Namenwort (Nomen) ist, kannst du die Nomenprobe durchführen:

- Ist das Wort ein Name für Menschen, Tiere, Pflanzen oder Dinge?

  Anoki Hund Rose Buch

- Hat das Wort einen Begleiter?

  der die das

- Kannst du die Mehrzahl bilden?

  das Buch – die Bücher

Satzanfänge werden großgeschrieben.

Ich hole mein Heft.
Pass auf!
Kommst du auch?

Verlängern

Verlängere, wenn du p, k oder t hörst.

der Dieb/p → die Diebe → also: der Dieb
der Hund/t → die Hunde → also: der Hund
sie frag/kt → fragen → also: sie fragt

Rechtschreibstrategien

Ableiten

ä oder e? äu oder eu?
Prüfe, ob es ein verwandtes Wort mit a oder au gibt.

die Glä/eser → das Glas → also: die Gläser
sie läu/euft → laufen → also: sie läuft

Findest du kein verwandtes Wort mit a oder au, schreibst du e oder eu.

Decke, lenken, Eule, sich freuen

Nachschlagen

Du musst das Abc (Alphabet) kennen, um Wörter im Wörterbuch nachzuschlagen oder nach dem Abc zu ordnen.

Finde den Anfangsbuchstaben.

Fisch
ABCDEFGHIJKLMNOPQRSTUVWXYZ

Wenn der Anfangsbuchstabe gleich ist, musst du nach dem zweiten Buchstaben ordnen.

Fisch, Flasche

Merkwörter

Einige Wörter musst du dir merken, weil du ihre Schreibweise nicht überprüfen kannst.

die Vase, der Vater
der Bär, der Käse
der Boxer, die Hexe
der Comic, der Computer
der Dachs, der Fuchs
der Fuß
das Baby

Schwinge und zeichne Silbenbögen.

Besen

Sand

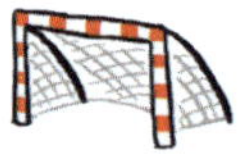
Tor

Hut

Uhu

Gabel

Ast

Insel

Esel

Dose

Heft

Pilz

- Sortiere die Namenwörter (Nomen) nach Silben.

Schreibe und markiere die Könige a e i o u.

1 Silbe	2 Silben
	Besen

Schwinge und zeichne Silbenbögen.

Euro

Bein

Maus

Kleid

Eule

Freund

Eimer

Frau

Eis

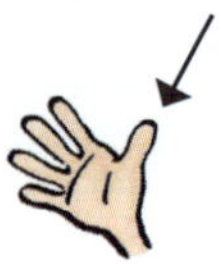
Daumen

Feuer

Auge

Sortiere die Namenwörter (Nomen) nach Silben.

Schreibe und markiere die Könige e o au ei eu.

1 Silbe	2 Silben

Sortieren und Schreiben

- Was ist in jeder Zeile gleich? Markiere.

Käse

Bär

Wärme

Säge

Öl

König

Flöte

Löwe

Gemüse

Flügel

Füller

Tür

- Sortiere die Namenwörter (Nomen) nach Silben.
  Schreibe und markiere die Könige e i ä ö ü.

1 Silbe ◡:

2 Silben ◡◡: Käse,

3 Silben ◡◡◡:

◡ = 🔑 3, ◡◡ = 🔑 8, ◡◡◡ = 🔑 1

- Was ist in jeder Spalte gleich? Markiere.

Amsel

Muschel

Fenster

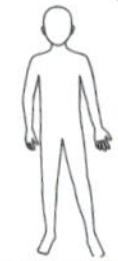
Körper

Engel

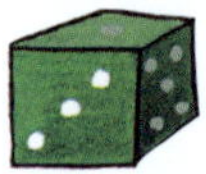
Würfel

Hamster

Bruder

Zwiebel

Nebel

Kater

Gewitter

Schwinge und schreibe die Namenwörter (Nomen).
Markiere die Könige und kreise -el und -er ein.

Ampel

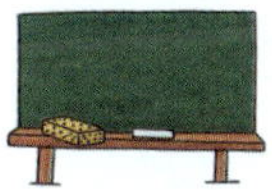

Schwinge und zeichne die Silbenbögen. Markiere die Könige und den kurzen Selbstlaut. Was ist in allen Wörtern gleich?

Himmel

Messer

Zimmer

Sonne

Treppe

Kissen

Teller

Affe

Schlitten

Butter

Suppe

Giraffe

In allen Wörtern ist ein doppelter

_______________.

- Schwinge und zeichne die Silbenbögen. Markiere die Könige und den kurzen Selbstlaut oder Umlaut.
  Was ist in allen Wörtern gleich?

Katze

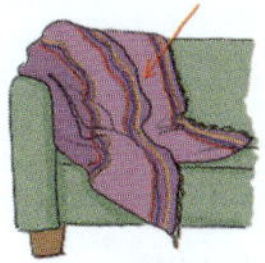

Decke

Spitze

Socke

Sitz

Bäcker

Mütze

Jacke

Hitze

Schnecke

In allen Wörtern ist ein ______ oder ein ______.

■ Ergänze **Sch**, **Sp** oder **St**.

Schal

ift

inne

lüssel

iefel

Sch = 5, Sp = 2, St = 3

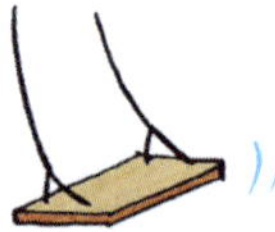
aukel

ere

aten

ern

wein

- Ergänze **ng** oder **nk**.

Schlange

E   el

Gesche

Zu   e

Ri

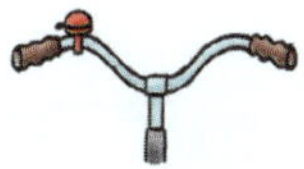

Le   er

Ju   e

Fi   er

Schra

O   el

ng = 🗝 5, nk = 🗝 5

Sortiere die Namenwörter (Nomen) nach ihren Besonderheiten.
Ergänze jeweils die Überschrift.

Hexe | Dachs | Comic | Vase
Vulkan | Luchs | Taxi | Cent
Fuchs | Boxer | Computer | Vater

Wörter mit x: Hexe,

Wörter mit ______:

Wörter mit ______:

Wörter mit ______:

Wie sind die Namenwörter (Nomen) zusammengesetzt?
Schreibe auf und schlage in der Wörterliste nach.

APFEL|BAUM

Apfel S. 68

S. ____

BUCHSEITE

S. ____

S. ____

KNOPFLOCH

S. ____

S. ____

MILCHFLASCHE

S. ____

S. ____

COMPUTERMAUS

S. ____

S. ____

REGENWOLKE

S. ____

S. ____

BABYPUPPE

S. ____

S. ____

VOGELEI

S. ____

S. ____

HAUSTIER

S. ____

S. ____

Was ist denn auf dem Bild los?

- Welche Wörter findest du? Markiere.

Tafel	Spaten	Weg	Fisch	Nudel
Säge	Suppe	Gewitter	Schaukel	Rose
Kalender	Baum	Feder	Käse	Flöte
Saft	Schal	Garten	Schaf	Auto
Eule	Flasche	Gesicht	Öl	Papagei

■ Welche Wörter passen zum Begriff **Familie**?
Kreise ein und schreibe auf.

Kind	Lampe	Schwester	
Papa	Oma	Baby	Rose
Nase	Mama	Löffel	Wurm
Opa	Bruder	Onkel	Tante

Kind,

= 10

- Welche Wörter passen zum Begriff **Tiere**?
  Kreise ein und schreibe auf.

Hund	Qualle	Papagei	
Katze	Nadel	Tochter	Fuchs
Faden	Ziege	Ameise	Fisch
Telefon	Raupe	Pony	Schule

Welche Wörter passen zum Begriff **Wetter**?
Kreise ein und schreibe auf.

Name	Wärme	Brot	
Regen	Wolke	Tasche	Leute
Nebel	Husten	Gewitter	Eis
Stein	Sonne	Luft	April

○ = 🔑 8

Welche Wörter passen zum Begriff **Zeit**?
Kreise ein und schreibe auf.

Monat	Raum	Meter	
Schnabel	Woche	Nacht	Sekunde
Bad	Stunde	Drache	Liter
Tag	Schlaf	Minute	Seife

- Welches Wort passt nicht in die Reihe? Streiche durch.
  Verbinde mit dem richtigen Begriff.

Fuß Bauch Gesicht Krone Arm	Obst
Apfel Salz Birne Kirsche Banane	Straße
Taxi Ampel Paket Bus Auto	Körper
Hose Schaf Hund Frosch Ente	Kleider
Mütze Schal Koffer Mantel Hemd	Tiere

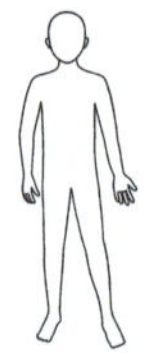

■ Welches Wort passt nicht in die Reihe? Streiche durch.
Verbinde mit dem richtigen Begriff.

Blume Buch Baum Gras Blüte	Jahr	
Winter Sommer Frühling Herz Herbst	Küche	
Topf Teller Hase Glas Tasse	Musik	
Saft Stunde Woche Tag Monat	Garten	
Gesang Lied Note Licht Flöte	Zeit	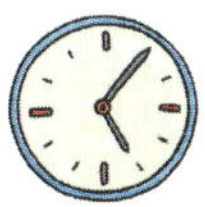

Sortieren und Schreiben

- Bringe die Monate in die richtige Reihenfolge.

Februar	Mai	Juli	Juni	November	April
Dezember	März	Oktober	~~Januar~~	September	August

1. Januar
2.
3.
4.
5.
6.
7.
8.
9.
10.
11.
12.

Bringe die Wochentage in die richtige Reihenfolge.
Was machst du an deinem Lieblingstag? Schreibe auf.

Freitag	Montag	Mittwoch	Sonntag
Samstag (Sonnabend)		Dienstag	Donnerstag

1.

2.

3.

4.

5.

6.

7.

Mein Lieblingstag:

Das mache ich:

- Was gehört zusammen? Verbinde.

Tag	Messer
Sommer	Nacht
Erde	Winter
Gabel	Ende
Anfang	Geschmack
Geruch	Wasser

- Was gehört zusammen? Verbinde.

Onkel •	• Mutter
Königin •	• Freund
Koch •	• Bäcker
Freundin •	• König
Vater •	• Köchin
Bäckerin •	• Tante

■ Schreibe die Namenwörter (Nomen) zum richtigen Begleiter (Artikel).

~~Zaun~~		Seil		Kerze	
Frau		Dach		Blut	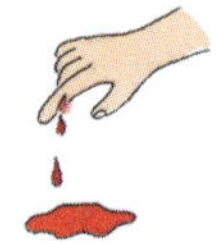
Stempel		Sessel		Pappe	

der	**die**	**das**
Zaun		

- Schreibe die Namenwörter (Nomen) zum richtigen Begleiter (Artikel).

Karte 

Bank 

Handy 

Papier 

Pfeil 

Gepäck 

Tisch 

Kopf 

Dusche 

der	die	das

Nomenprobe

Der, **die** oder **das**? Schreibe die Namenwörter (Nomen) mit Begleiter (Artikel) auf. Markiere den großen Anfangsbuchstaben.

~~FARBE~~	BRIEF	EINMAL	RUFT	SCHAUFEL
TÄGLICH	SPIEL	FEST	BIN	TRAUM
WUNSCH	ODER	MALST	FIEBER	KIRCHE

die Farbe,

der = 3, die = 3, das = 3

- Prüfe: Welche Wörter sind Namenwörter (Nomen)?
  Markiere sie und schreibe sie mit Begleiter (Artikel) auf.

Eine Ente kocht in einer Küche eine Krautsuppe.
Gleich kommt ein Gast. Der bringt Hunger mit!
Schon winkt er mit einer Rose durch das Fenster.
Es ist ein Frosch mit Hut und Mantel!
Er ruft: „Dieser Geruch, so lecker!“

die Ente,

der = 6, die = 4, das = 1

Nomenprobe

Aa?

Was gehört zusammen? Verbinde.
Markiere, was sich ändert.
Was ist in der Mehrzahl immer gleich?

der Wunsch	die Köche	der Hut	die Sachen
der Bruder	die Lieder	die Windel	die Körbe
der Koch	die Schlüssel	der Korb	die Autos
das Lied	die Wünsche	das Auto	die Hüte
der Schlüssel	die Brüder	die Sache	die Windeln

In der Mehrzahl ist der Begleiter immer ______.

■ Was steht am Ende? Verlängere und schreibe.

Bro d/t Brote also: Brot

Hun d/t Hun_e also: ______

Bil d/t Bil_er also: ______

Klei d/t Klei_er also: ______

Stif d/t Stif_e also: ______

Kin d/t Kin_er also: ______

Hem d/t Hem_en also: ______

Wor d/t Wör_er also: ______

- Was steht am Ende? Verlängere und schreibe.

Nach d/t — Näch_e — also: ____________

Freun d/t — Freun_e — also: ____________

Saf d/t — Säf_e — also: ____________

Lich d/t — Lich_er — also: ____________

Die b/p — Die_e — also: ____________

Ta g/k — Ta_e — also: ____________

We g/k — We_e — also: ____________

Kor b/p — Kör_e — also: ____________

Finde ein verwandtes Wort. Markiere **ä/a**.

die Väter → kommt von der Vater

die Mäntel → kommt von

die Äpfel → kommt von

die Fächer → kommt von

die Bäche → kommt von

die Äste → kommt von

die Gläser → kommt von

Finde ein verwandtes Wort. Markiere **äu/au**.

die Zäune → kommt von der Zaun

die Häuser → kommt von

die Kräuter → kommt von

die Bäume → kommt von

die Räume → kommt von

die Mäuse → kommt von

die Träume → kommt von

Ableiten von Nomen

Test 1, S. 62

Verbinde jedes Namenwort (Nomen) mit zwei Bedeutungen. Schreibe zu zwei Wörtern je einen Satz.

Birne

Erde

Mutter

Blatt

Maus

- Mit welchen Buchstaben beginnen die Wörter?
  Male an: m, n, u, v, w.

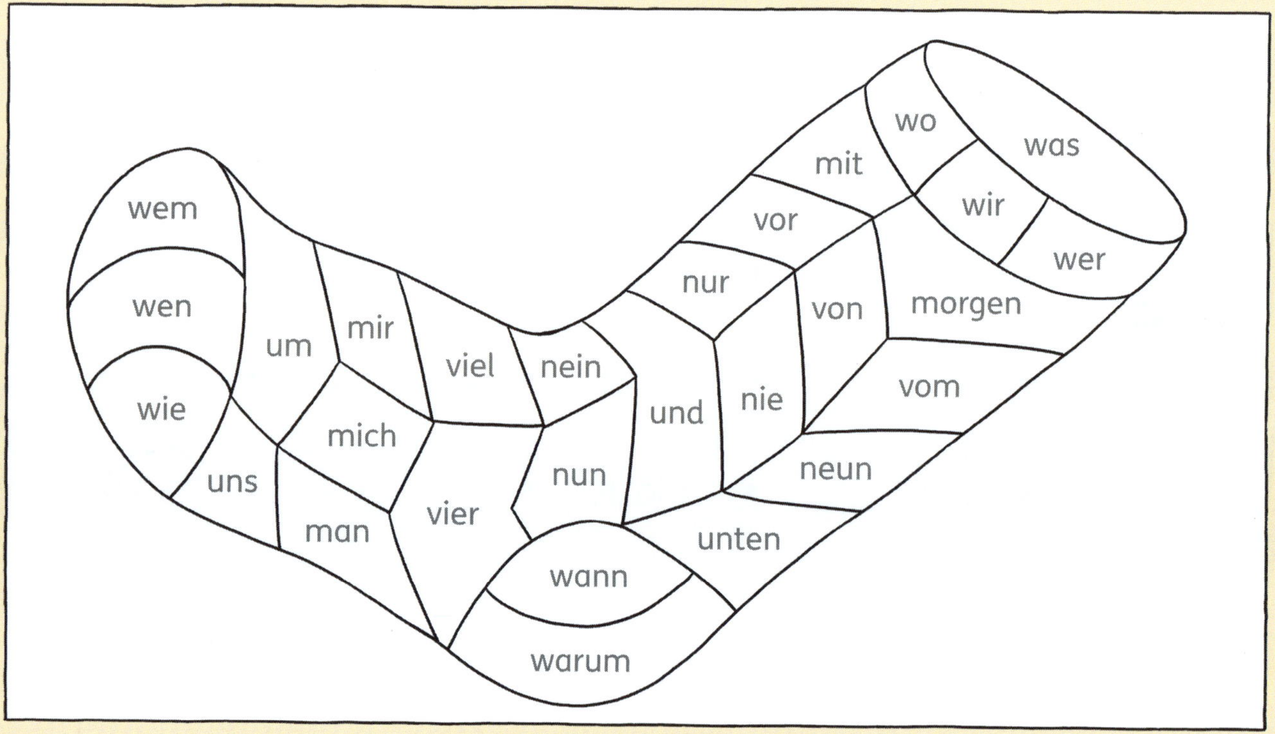

Mit welchen Buchstaben beginnen die Wörter?
Male an: a, b, d, e, h.

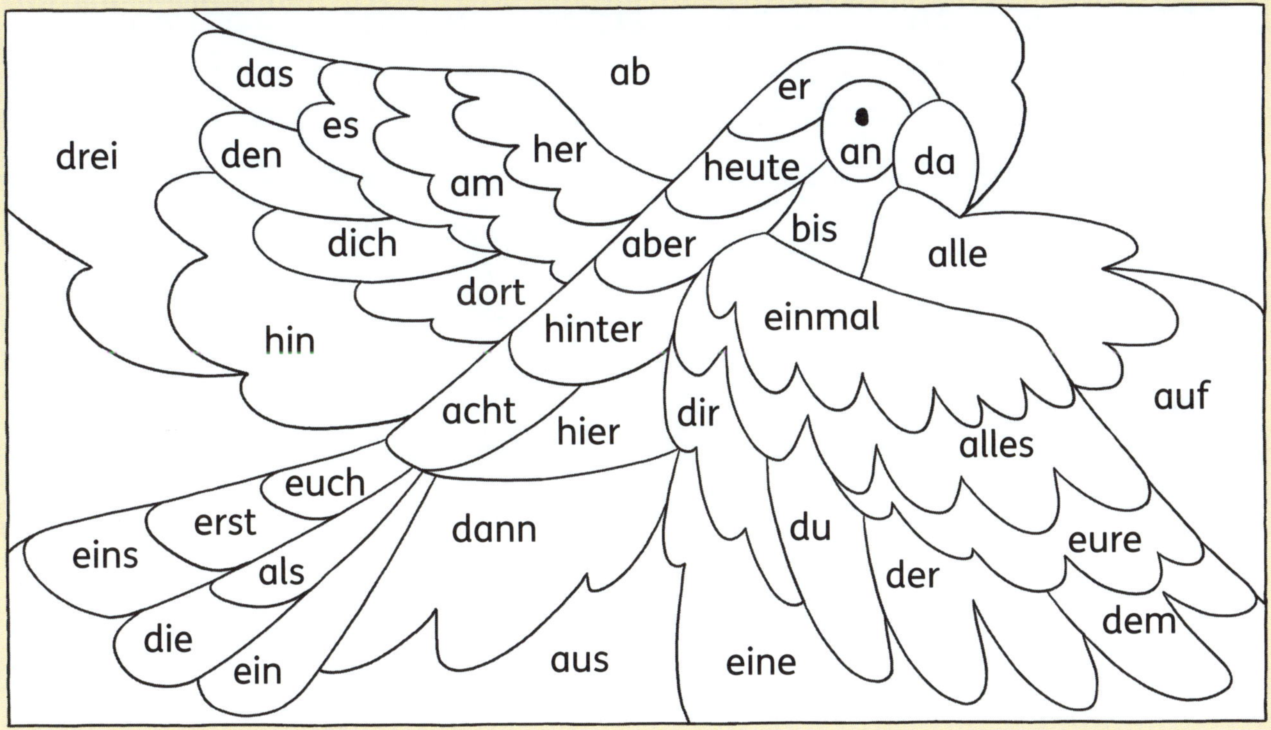

Was machst du gerne, was machst du nicht gerne?
Sortiere die Tunwörter (Verben) und schreibe auf.

backen	spielen	reisen	lernen	rechnen	helfen
warten	lachen	schreiben	rennen	lesen	malen

Ordne zu und schreibe in der Mehrzahl.

~~arbeiten~~	gießen	denken	bekommen	malen	boxen

Ich arbeite im Haus. — Sie arbeiten im Haus.

Sie bekommt Hunger. — Sie

Er denkt an Oma.

Er gießt die Rosen.

Sie boxt im Ring.

Ich male ein Bild.

Was steht am Ende? Verlängere und schreibe.

er flie g/k t — fliegen — also: fliegt

sie fra g/k t — fra_en — also: ______

sie sa g/k t — sa_en — also: ______

sie dan g/k t — dan_en — also: ______

sie len g/k t — len_en — also: ______

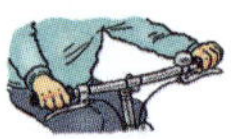

sie kle b/p t — kle_en — also: ______

er ü b/p t — ü_en — also: ______

er lie b/p t — lie_en — also: ______

er blei b/p t — blei_en — also: ______

er gi b/p t — ge_en — also: ______

Verlängern von Verben

- Finde ein verwandtes Wort. Markiere **ä/a** oder **äu/au**.

sie fällt	→	kommt von	fallen
er rät	→	kommt von	
du schläfst	→	kommt von	
er gräbt	→	kommt von	
sie fängt	→	kommt von	
du trägst	→	kommt von	
es wächst	→	kommt von	
sie läuft	→	kommt von	

Ableiten von Verben

Ordne zu und schreibe in der Einzahl.

~~liegt~~	zeigt	schenkt	lässt	lebt	biegt

Sie liegen im Garten.	Luna liegt im Garten.
Sie lassen alles liegen.	Emil
Sie zeigen uns die Klasse.	Anoki
Sie biegen die Säge gerade.	Luna
Sie schenken uns Blumen.	Emil
Wo leben sie?	Anoki?

■ Ordne zu und schreibe in der Einzahl.

mag	kann	darf	will	hat	muss

Sie wollen gut aufpassen.	Emil
Sie mögen Tiere.	Anoki
Sie müssen aufwachen.	Luna
Sie können die Aufgabe.	Anoki
Sie dürfen schaukeln.	Luna
Sie haben eine Frage.	Emil

■ Ordne zu und schreibe in der Einzahl.

wirft	liest	isst	trifft	hilft	weiß

Sie helfen dem Vater. Anoki

Sie treffen Anoki. Emil

Sie lesen im Heft. Luna

Sie essen nur Gemüse. Emil

Sie wissen fast alles. Anoki

Sie werfen mit Sachen. Luna

Test 2, S. 64

Verbinde die Satzteile passend.

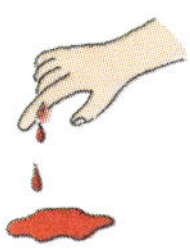

Du singst	am Finger.
Er sitzt	ein Lied.
Er sägt	auf der Stufe.
Sie duscht	im Bad.
Wir machen	einen Baum.
Sie blutet	eine Reise.

Verbinde die Satzteile passend.

	Du schickst	auf dem Pony.
	Ich spare	Papier mit der Schere.
	Er reitet	einen Brief.
	Die Sonne scheint	vor Freude.
	Sie schneidet	über der Wolke.
	Oma weint	fünf Cent.

- Wo stehen die Tunwörter (Verben) in der Wörterliste? Schlage nach und schreibe nach dem Abc (Alphabet) auf.

niesen	S. 76	suchen	S. ___	kaufen	S. ___
brummen	S. ___	aufpassen	S. ___	würfeln	S. ___
packen	S. ___	husten	S. ___	qualmen	S. ___

aufpassen,

- Wo stehen die Tunwörter (Verben) in der Wörterliste?
  Schlage nach und schreibe nach dem Abc (Alphabet) auf.

wünschen	S. ____	brauchen	S. ____	fließen	S. ____
reden	S. ____	träumen	S. ____	kennen	S. ____
finden	S. ____	quaken	S. ____	stören	S. ____

- Ergänze die passende Form vom Tunwort (Verb) **sein.**

bin	bist	~~ist~~	ist	ist	seid	sind	sind

Was gehört zusammen? Verbinde.

arm	leise	hart	gerade
gut	schwer	sonnig	lang
leicht	schwarz	richtig	weich
laut	reich	brav	bewölkt
weiß	weit	schief	falsch
eng	schlecht	kurz	böse

Was gehört zusammen? Verbinde.

Wärme

Länge

bewölkt

lang

Hunger

hart

Wolke

warm

Liebe

Härte

hungrig

lieb

Was gehört zusammen? Verbinde.

bequem neu grün	König 
schön stolz jung	Nadel 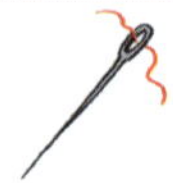
langsam leise braun	Apfel 
frisch rot saftig	Sessel 
klein spitz fein	Öl 
schwarz ölig breit	Schnecke 

Test 3, S. 65

Wo stehen die Wiewörter (Adjektive) in der Wörterliste? Schlage nach. Schreibe nur die Farbwörter nach dem Abc (Alphabet) auf.

freundlich	S. 79	weiß	S. ___	fremd	S. ___
rot	S. ___	klar	S. ___	blau	S. ___
braun	S. ___	schwarz	S. ___	grün	S. ___

blau,

Farben = 6

Nachschlagen von Adjektiven

Wörter mit ie

▪ Schwinge und zeichne die Silbenbögen. Markiere die Könige.
Was ist in allen Wörtern gleich?

fliegen	Fliege	Dieb
Wiese	lieb	schief
Biene	Ziege	Knie
Spiegel	liegen	gießen

In allen Wörtern ist ein ______________________.

- Male ein Bild zu den Wörtern von Seite 58.
  Ergänze die Überschrift.

Meine Wörter mit ______

Emil will ein Bild von Luna malen. Wie kommt er zu ihr?

- Zeichne den Weg ein.

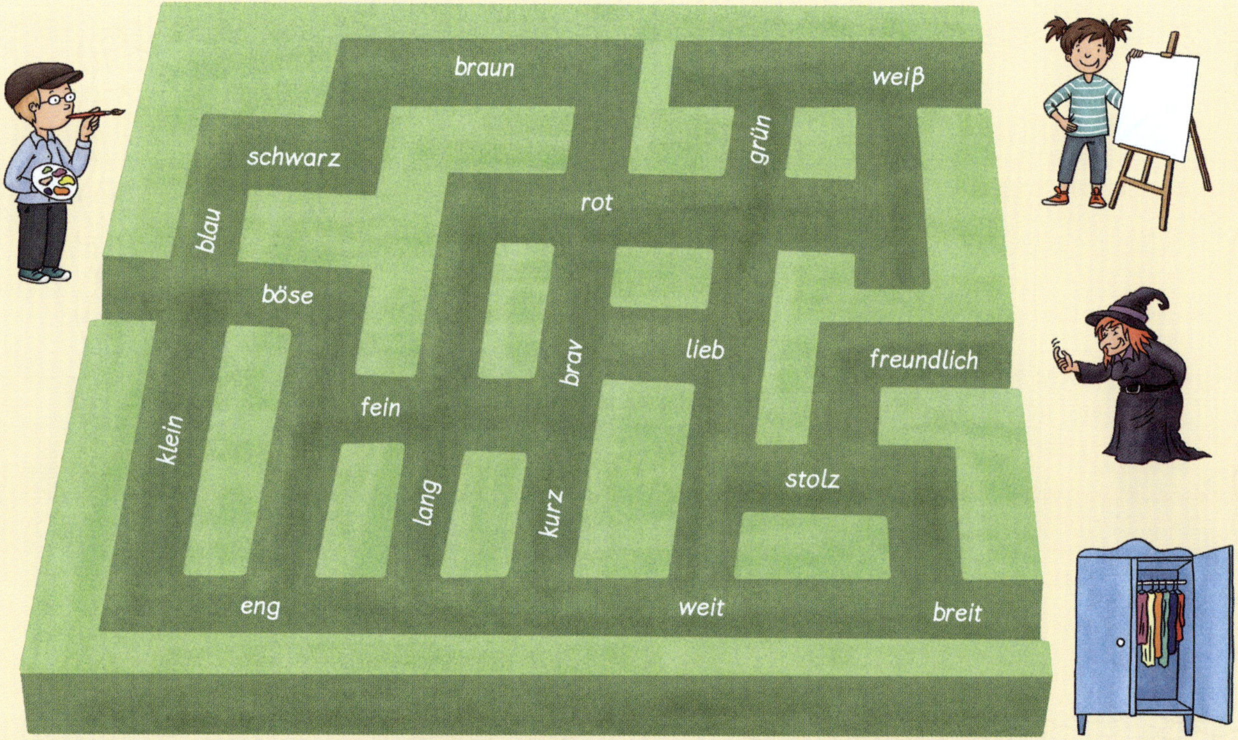

Der Hund sucht Anoki. Wie kommt er zu ihm?

- Zeichne den Weg ein.

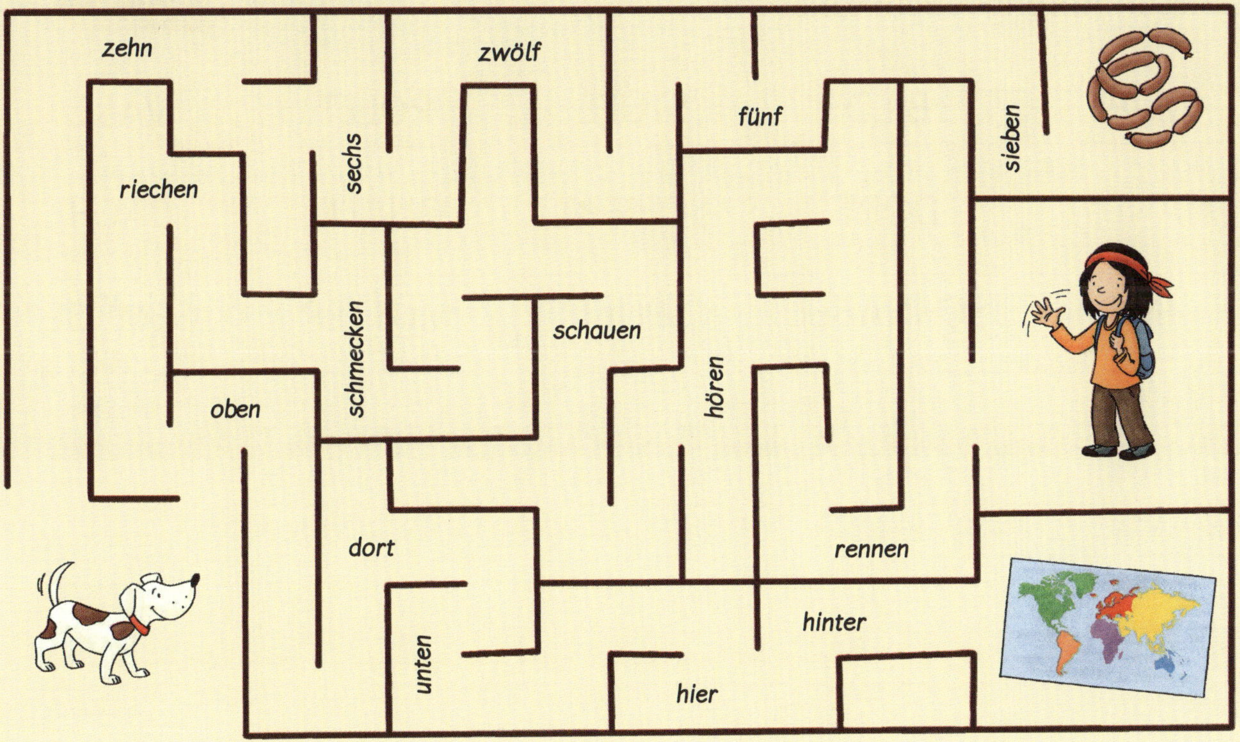

- **Der**, **die** oder **das**? Schreibe die Namenwörter (Nomen) mit Begleiter (Artikel) auf. Markiere den großen Anfangsbuchstaben.

WURF	BILD	STUFE	ROLLT	VASE
HANDY	DORT	SCHIEBT	QUALM	DACH
INS	SCHNABEL	SPÜLT	MUTTER	GEMÜSE

10

Finde ein verwandtes Wort. Markiere **ä/a** oder **äu/au**.

die Schnäbel → kommt von ____________

die Gräser → kommt von ____________

die Fäden → kommt von ____________

die Schränke → kommt von ____________

die Gäste → kommt von ____________

die Häuser → kommt von ____________

die Bäuche → kommt von ____________

die Zäune → kommt von ____________

8

18

Ordne zu und schreibe in der Einzahl.

soll	glaubt	freut sich	bringt	bittet	staunt

Sie sollen turnen.	Emil
Sie bringen Pilze mit.	Anoki
Sie glauben Emil nicht.	Luna
Sie staunen über Anoki.	Emil
Sie bitten um viel Milch.	Anoki
Sie freuen sich über alles.	Luna

6

Was gehört zusammen? Verbinde.

- sonnig bewölkt warm
- schwer hungrig braun
- weiß klein leicht
- spitz lang gerade
- lecker frisch rot

- Muschel 
- Wetter 
- Bär 
- Kirschen 
- Pfeil 

5

Wörterliste: häufige Wörter

A
ab
aber
acht
alle, alles
als
am
an
auf
aus

B
bis

D
da
dann
das
dem
den
der
dich
die
dir
dort
drei
du

E
ein, eine
eins
einmal
elf
er
erst
es
euch
eure

F
fast
fünf
für

G
gerade
gern
gleich

H
her
heute
hier
hin
hinter

I
ich
im

immer
in
ins

J
ja

M
man
mich
mir
mit
morgen

N
nein
neun
nie
nun
nur

O
ob
oben
oder
oft

S
schon
sechs
sie
sieben
so

T
täglich

U
um
und
uns
unten

V
viel
vier
vom
von
vor

W
wann
warum
was
wem
wen
wer
wie
wir
wo

Z
zehn
zu
zum
zur
zwei
zwölf

Wörterliste: Namenwörter (Nomen)

A

der **Affe**, die Affen
die **Ameise**, die Ameisen
die **Ampel**, die Ampeln
die **Amsel**, die Amseln
der **Anfang**, die Anfänge
der **Apfel**, die Äpfel
der **April**
der **Arm**, die Arme
der **Ast**, die Äste
die **Aufgabe**, die Aufgaben
das **Auge**, die Augen
der **August**
das **Auto**, die Autos

B

das **Baby**, die Babys
der **Bach**, die Bäche
der **Bäcker**, die Bäcker
das **Bad**, die Bäder
die **Banane**, die Bananen
die **Bank**, die Bänke
der **Bär**, die Bären
der **Bauch**, die Bäuche
der **Baum**, die Bäume
das **Bein**, die Beine
der **Besen**, die Besen
die **Biene**, die Bienen
das **Bild**, die Bilder
die **Birne**, die Birnen
das **Blatt**, die Blätter
die **Blume**, die Blumen
das **Blut**
die **Blüte**, die Blüten
der **Boxer**, die Boxer
der **Brief**, die Briefe
das **Brot**, die Brote
der **Bruder**, die Brüder
das **Buch**, die Bücher
der **Bus**, die Busse
die **Butter**

C

der **Cent**, die Cents
der **Comic**, die Comics

der **Computer**,
die Computer

D

das **Dach**, die Dächer
der **Dachs**, die Dachse
der **Daumen**, die Daumen
die **Decke**, die Decken
der **Dezember**
der **Dieb**, die Diebe
der **Dienstag**
der **Donnerstag**
die **Dose**, die Dosen
der **Drache**, die Drachen
die **Dusche**, die Duschen

E

das **Ei**, die Eier
der **Eimer**, die Eimer
das **Eis**
das **Ende**
der **Engel**, die Engel
der **Enkel**, die Enkel
die **Ente**, die Enten
die **Erde**
der **Esel**, die Esel
die **Eule**, die Eulen
der **Euro**, die Euros

F

das **Fach**, die Fächer
der **Faden**, die Fäden
die **Farbe**, die Farben
der **Februar**
die **Feder**, die Federn
das **Fenster**, die Fenster
das **Fest**, die Feste
die **Feuer**, die Feuer
das **Fieber**
der **Finger**, die Finger
der **Fisch**, die Fische
die **Flasche**, die Flaschen
die **Fliege**, die Fliegen
die **Flöte**, die Flöten
der **Flügel**, die Flügel
die **Frage**, die Fragen
die **Frau**, die Frauen
der **Freitag**
die **Freude**, die Freuden
der **Freund**, die Freunde
die **Freundin**,
die Freundinnen

der **Frosch**, die Frösche
der **Frühling**
der **Fuchs**, die Füchse
der **Füller**, die Füller
der **Fuß**, die Füße

G

die **Gabel**, die Gabeln
der **Garten**, die Gärten
der **Gast**, die Gäste
das **Gemüse**
das **Gepäck**
der **Geruch**, die Gerüche
der **Gesang**, die Gesänge
das **Geschenk**,
die Geschenke
der **Geschmack**
das **Gesicht**, die Gesichter
das **Gewitter**, die Gewitter
die **Giraffe**, die Giraffen
das **Glas**, die Gläser
das **Gras**, die Gräser

H

der **Hamster**, die Hamster
das **Handy**, die Handys
die **Härte**
der **Hase**, die Hasen
das **Haus**, die Häuser
das **Heft**, die Hefte
das **Hemd**, die Hemden
der **Herbst**
das **Herz**, die Herzen
die **Hexe**, die Hexen
der **Himmel**
die **Hitze**
die **Hose**, die Hosen
der **Hund**, die Hunde
der **Hunger**
der **Husten**
der **Hut**, die Hüte

I

die **Insel**, die Inseln

J

die **Jacke**, die Jacken
der **Januar**
der **Juli**
der **Junge**, die Jungen
der **Juni**

K

der **Kalender**, die Kalender
die **Karte**, die Karten
der **Käse**
der **Kater**, die Kater
die **Katze**, die Katzen
die **Kerze**, die Kerzen
das **Kind**, die Kinder
die **Kirche**, die Kirchen
die **Kirsche**, die Kirschen
das **Kissen**, die Kissen
die **Klasse**, die Klassen
das **Kleid**, die Kleider
das **Knie**, die Knie
der **Knopf**, die Knöpfe
der **Koch**, die Köche
der **Koffer**, die Koffer
der **König**, die Könige
der **Kopf**, die Köpfe
der **Korb**, die Körbe
der **Körper**, die Körper
das **Kraut**, die Kräuter
die **Krone**, die Kronen
die **Küche**, die Küchen

L

die **Lampe**, die Lampen
die **Länge**, die Längen
die **Leiter**, die Leitern
der **Lenker**, die Lenker
die **Leute**
das **Licht**, die Lichter
die **Liebe**
das **Lied**, die Lieder
der **Liter**, die Liter
das **Loch**, die Löcher
der **Löffel**, die Löffel
der **Löwe**, die Löwen
der **Luchs**, die Luchse
die **Luft**

M

der **Mai**
die **Mama**, die Mamas
der **Mantel**, die Mäntel
der **März**
die **Maus**, die Mäuse
das **Messer**, die Messer
der **Meter**
die **Milch**
die **Minute**, die Minuten

der **Mittwoch**
der **Monat**, die Monate
der **Montag**
die **Muschel**, die Muscheln
die **Musik**
die **Mutter**, die Mütter
die **Mütze**, die Mützen

N

die **Nacht**, die Nächte
die **Nadel**, die Nadeln
der **Name**, die Namen
die **Nase**, die Nasen
der **Nebel**, die Nebel
die **Note**, die Noten
der **November**
die **Nudel**, die Nudeln

O

der **Oktober**
das **Öl**, die Öle
die **Oma**, die Omas
der **Onkel**, die Onkel
der **Opa**, die Opas

P

das **Paket**, die Pakete
der **Papa**, die Papas
der **Papagei**, die Papageien
das **Papier**, die Papiere
die **Pappe**, die Pappen
der **Pfeil**, die Pfeile
die **Pfote**, die Pfoten
der **Pilz**, die Pilze
der **Pinsel**, die Pinsel
das **Pony**, die Ponys
die **Puppe**, die Puppen

Qu

die **Qualle**, die Quallen
der **Qualm**

R

der **Raum**, die Räume
die **Raupe**, die Raupen
der **Regen**
die **Reise**, die Reisen
der **Ring**, die Ringe
die **Rose**, die Rosen

S

die **Sache**, die Sachen
der **Saft**, die Säfte
die **Säge**, die Sägen
das **Salz**, die Salze
der **Samstag**
der **Sand**
das **Schaf**, die Schafe
der **Schal**, die Schals
die **Schaufel**, die Schaufeln
die **Schaukel**, die Schaukeln
die **Schere**, die Scheren
der **Schlaf**
die **Schlange**, die Schlangen
der **Schlitten**, die Schlitten
der **Schlüssel**, die Schlüssel
der **Schnabel**, die Schnäbel
die **Schnecke**, die Schnecken
der **Schrank**, die Schränke
die **Schule**, die Schulen
das **Schwein**, die Schweine
die **Schwester**, die Schwestern
die **Seife**, die Seifen
das **Seil**, die Seile
die **Seite**, die Seiten
die **Sekunde**, die Sekunden
der **September**
der **Sessel**, die Sessel
der **Sitz**, die Sitze
die **Socke**, die Socken
der **Sommer**, die Sommer
die **Sonne**
der **Sonntag**
der **Spaten**, die Spaten
der **Spiegel**, die Spiegel
das **Spiel**, die Spiele
die **Spinne**, die Spinnen
die **Spitze**, die Spitzen
der **Stein**, die Steine
der **Stempel**, die Stempel
der **Stern**, die Sterne
der **Stiefel**, die Stiefel
der **Stift**, die Stifte
die **Stufe**, die Stufen
die **Stunde**, die Stunden
die **Suppe**, die Suppen

T

die **Tafel**, die Tafeln
der **Tag**, die Tage
die **Tante**, die Tanten
die **Tasche**, die Taschen
die **Tasse**, die Tassen
das **Taxi**, die Taxis
das **Telefon**, die Telefone
der **Teller**, die Teller
das **Tier**, die Tiere
der **Tisch**, die Tische
die **Tochter**, die Töchter
der **Topf**, die Töpfe
das **Tor**, die Tore
der **Traum**, die Träume
die **Treppe**, die Treppen
die **Tür**, die Türen

U

der **Uhu**, die Uhus

V

die **Vase**, die Vasen
der **Vater**, die Väter
der **Vogel**, die Vögel
der **Vulkan**, die Vulkane

W

die **Wärme**
das **Wasser**
der **Weg**, die Wege
das **Wetter**
die **Wiese**, die Wiesen
die **Windel**, die Windeln
der **Winter**
die **Woche**, die Wochen
die **Wolke**, die Wolken
das **Wort**, die Wörter
der **Wunsch**, die Wünsche
der **Wurf**, die Würfe
der **Würfel**, die Würfel
der **Wurm**, die Würmer

Z

der **Zaun**, die Zäune
die **Zeit**, die Zeiten
die **Ziege**, die Ziegen
das **Zimmer**, die Zimmer
die **Zunge**, die Zungen
die **Zwiebel**, die Zwiebeln

Wörterliste: Tunwörter (Verben)

A

arbeiten, du arbeitest
aufpassen, du passt auf
aufwachen, du wachst auf

B

backen
baden, du badest
bekommen
biegen
bin (→ sein)
bist (→ sein)
bitten, du bittest
bleiben
bluten, du blutest
boxen
brauchen
bringen
brummen

D

danken
darfst (→ dürfen)
denken
dürfen, du darfst
duschen

E

essen, du isst

F

fallen, du fällst
fällst (→ fallen)
fangen, du fängst
fängst (→ fangen)
finden, du findest
fliegen
fließen, du fließt
fragen
sich freuen, du freust dich

G

geben, du gibst
gibst (→ geben)
gießen, du gießt

glauben
graben, du gräbst
gräbst (→ graben)

H

haben, du hast
hast (→ haben)
helfen, du hilfst
hilfst (→ helfen)
hören
husten, du hustest

I

isst (→ essen)
ist (→ sein)

K

kannst (→ können)
kaufen
kennen
kleben
kochen
kommen
können, du kannst

L

lachen
lassen, du lässt
lässt (→ lassen)
laufen, du läufst
läuft (→ laufen)
leben
lenken
lernen
lesen, du liest
lieben
liegen
liest (→ lesen)

M

machen
magst (→ mögen)
malen
mögen, du magst
müssen, du musst
musst (→ müssen)

N

niesen

P

packen

Qu

quaken

qualmen

R

raten, du rätst

rätst (→ raten)

rechnen, du rechnest

reden, du redest

reisen

reiten, du reitest

rennen

riechen

rollen

rufen

S

sagen

sägen

schauen

schaukeln, du schaukelst

scheinen

schenken

schicken

schieben

schlafen, du schläfst

schläfst (→ schlafen)

schmecken

schneiden, du schneidest

schreiben

sein, ich bin, du bist, er/sie/es ist, wir sind, ihr seid, sie sind

seid (→ sein)

sind (→ sein)

singen

sitzen, du sitzt

sollen

sparen

spielen

spülen

staunen

stören

suchen

T

tragen, du trägst

trägst (→ tragen)
träumen
treffen, du triffst
triffst (→ treffen)
turnen

U

üben

W

wachsen, du wächst
wächst (→ wachsen)
warten, du wartest
weinen
weißt (→ wissen)
werfen, du wirfst
willst (→ wollen)
winken
wirfst (→ werfen)
wissen, du weißt
wollen, du willst
wünschen
würfeln, du würfelst

Z

zeigen

Wörterliste: Wiewörter (Adjektive)

A

arm, ärmer

B

bequem
bewölkt
blau
böse
braun
brav
breit

D

dunkel

E

eng

F

falsch
fein
fremd
freundlich
frisch

G

gerade
grün
gut, besser, am besten

H

hart, härter
hungrig

J

jung, jünger

K

klar
klein
kurz

L

lang, länger
langsam
laut
lecker
leicht
leise
lieb

N

neu

O

ölig

R

reich

richtig

rot

S

saftig

schief

schlecht

schön

schwarz

schwer

sonnig

spitz

stolz

W

warm, wärmer

weich

weiß

weit